दिल के आसपास

Avinash Ramgovind Jha

BookLeaf
Publishing

India | USA | UK

Made with ❤ on the BookLeaf Publishing Platform
www.bookleafpub.in
www.bookleafpub.com

Dedication

उन तमाम लम्हों के नाम,
जो बिना किसी शोर मेरी ज़िंदगी में उतर गए,
और मेरे दिल दिमाग में,
चुपके से कविता बनकर बस गए।

अपने माता–पिता के नाम,
जिनके घर के दरवाज़े और दीवारों ने
मेरे हर सपने को पलते हुए देखा,
हर टूटे सपने को सवारा।

और उन दोस्तों, यादों और खामोशियों के नाम,
जिन्होंने बिना कुछ कहे यह सिखाया,
कि कविताएँ कागज़ पर बस उतरती हैं,
लेकिन वो तो सांसों में बसती हैं,
और ज़िंदगी बनकर जी जाती हैं।

Preface

मेरी हर कविता... किसी छोटे से एहसास से जन्म लेती है।
कभी खिड़की से आता कोई अनजाना झोंका दिल को छू जाता है,
और मन बस ठहर जाता है कुछ पल के लिए।
कभी चाय की प्याली पर अटकी कोई बात,
शब्दों के बुलबुलों सी मन में उठने लगती है।
तो किसी अधूरे रिश्ते की परछाईं
काग़ज़ पर अपने रंग बिखेर जाती है।
आधी याद बनकर, आधा सपना बनकर।

यह किताब... उसी तलाश की कहानी है,
जहाँ हर दिन कुछ लम्होंका छोटा सा सफर,
और हर वक्त एक नया पल मिला,
उन्हीं पलोंको शब्दों में ढूंढ़ने की कोशिश की हैं।

इन कविताओं में कहीं यादों की खुशबू है,
कहीं कुछ अनकहे सवाल, कहीं मुस्कुराते किस्से,
और कहीं वही उदास खामोशी
जो ज़ुबान से आगे निकल जाती है।

अगर इन पन्नों में
आपको अपने किसी पल, किसी एहसास,
या किसी भूली मुस्कान की कही झलक मिल गई,
तो समझिए, इन शब्दोंको भी अपनी मंज़िल मिल गई।

Acknowledgements

इस किताब का हर पन्ना, हर शब्द, मेरे अकेले के प्रयास से नहीं बन
पाए।
उन सभी लोगों का धन्यवाद, जिन्होंने मेरे सफ़र में कभी सामने
रहकर, कभी चुपचाप, हमेशा मेरा साथ दिया।

मैं अपने परिवार का शुक्रगुजार हूँ,
जिन्होंने मेरी जिंदगी में इतना प्यार और भरोसा दिया,
कि हर कविता अपने आप खिल सके।
आपकी समझ, धैर्य और समर्थन ने मुझे लिखते रहने की ताकत दी।

मेरे दोस्तों और उन यादों का भी धन्यवाद,
जो हमेशा मेरे साथ रहीं, चाहे सामने हों या नहीं।
आप लोगों ने मुझे सिखाया कि कविताएँ सिर्फ कागज़ पर नहीं
उतरतीं,
वे दिल में बसती हैं और जीती हैं।

उन अनुभवों और छोटे-छोटे लम्हों का भी शुक्रगुज़ार,
जो बिना कुछ कहे मेरी कलम को आगे बढ़ाते रहे।

और अंत में, मेरे सभी पाठकों का आभार,
जो मेरे शब्दों में अपनी दुनिया देखेंगे।
आपकी आँखों में जो पल जागे, वही मेरे लिखने का असली इनाम है।

खिड़की से आता झोंका

खिड़की से आता वो झोंका,
जैसे कोई चुपके से ख़त रख गया हो,
पर उसमें तुम्हारा नाम नहीं था।

कागज़ पर थी सिर्फ कुछ लकीरें,
जैसे सारे शब्द उड़ गए हो,
पर उस में तुम्हारा अहसास नहीं था।

हथेलियों से पकड़ना चाहा उस झोंके को,
जैसे उँगलियों के बीच से वो निकल गया,
पर उसमे भी तुम्हारा निशान नही था।

छत पर बैठे कबूतर

छत पर बैठे दो कबूतर
आसमान बाँट रहे थे आधा-आधा,
जैसे मोहल्ले की गली बाँटी हो
दो बच्चों ने चॉक से।

एक ने उड़ान भरी,
तो दूसरा हँस पड़ा,
जैसे कह रहा हो —
"चल, देखता हूँ कितनी दूर जाता है।"

मैंने सोचा,
कबूतर भी शायद
दोस्ती निभाना जानते हैं,
बस बोल नहीं पाते।

अधूरी बातें

तेरे जाने के बाद,
कमरे में सिर्फ़ तेरी हँसी की गूंज रह गई,
जैसे खाली गिलास में
पानी की आख़िरी बूँद अटकी हो।

कितनी बार सोचा
कि तुझसे कह दूँ
वो सब जो ज़ुबान तक आया
पर होंठों ने रोक लिया।

अब तेरी यादें
अधूरी कविताओं की तरह हैं,
जो हर बार काग़ज़ पर उतरते-उतरते
स्याही में घुल जाती हैं।

खिड़की के बाहर पेड़ पर
आज भी वही परिंदे लौटते हैं,
जिन्हें हम साथ गिना करते थे,
पर गिनती अब अधूरी रह जाती है।

शायद मोहब्बत भी
गिनती की तरह ही होती है,
जहाँ एक भी कमी हो जाए
तो पूरा हिसाब अधूरा रह जाता है।

वक़्त की परछाई

वक़्त कभी घड़ी की सुई पर नहीं चलता,
वो चलता है आँखों की झपकियों में।

बचपन में वो भागता है
गली के आख़िरी मोड़ तक,
और जवान होते-होते
बिलकुल धीमी चाल पकड़ लेता है।

मैंने देखा है वक़्त को,
कभी दीवार पर टिके कैलेंडर में,
तो कभी बुज़ुर्गों के माथे पर उभरती सिलवटों में।

कितना अजीब है —
वक़्त कभी दिखता नहीं,
पर उसकी परछाई
हर रिश्ते पर बिखर जाती है।

चाय की प्याली

सुबह की चाय की प्याली
हवा में उठते भाप के साथ
गली की सैर पर निकल जाती है।

एक टुकड़ा बिस्किट का,
एक मुस्कान पड़ोसी की,
और अचानक लगता है,
सारी दुनिया बस यही हे।

चाय की प्याली कहती है—
"धीरे पियो,
हर घूँट में खुशियाँ छुपी हैं।"

खिड़की से आती हल्की धूप
और किताब की पन्नों में गिरती,
बूँद-बूँद ज़िंदगी का स्वाद देती है।

कुत्ते ने भौंकते हुए
सड़क पर अपना नाच शुरू किया,
और मैं हँसा,
जैसे आजकल की सारी परेशानियाँ
चाय के साथ घुलकर उड़ गई हों।

प्यार की तरह, चाय भी कहती है—

"जो पल है, उसे जी लो,
बाक़ी सब इंतज़ार कर सकता है।"

तेरी ख़ामोशी

तुम चुप हो।
मैं वहीँ बैठा, तुम्हारी आवाज़ ढूँढता।

काग़ज़ पर गिरती मुस्कान?
नहीं, बस यादें।
चाँदनी भी नहीं आती,
बस खाली हवा में तुम घुलते हो।

शब्द? कोई काम नहीं आते।
हम दोनों खामोशियों में उलझे हैं,
जैसे कोई रिश्ता
अधूरा रह गया हो।

वो गली, वो रास्ता,
तुमने कभी नहीं देखा।
मैं वहीं ठहर जाता हूँ,
तेरे बिना, पर तुझे ढूँढते हुए।

हम सिर्फ़ परछाइयाँ हैं।
एक-दूसरे की यादों में।
छूना? हिम्मत नहीं होती।

ज़िन्दगी की दुकान

ज़िन्दगी एक दुकान है,
जहाँ हर पल की कीमत नहीं लिखी।

सुबह की लाइन लंबी है,
कभी-कभी तो आप खुद ही हँस पड़ते हो
कि भैया, ये क्या बेचना चाहते हो?

कुछ लोग सस्ती हँसी खरीदते हैं,
कुछ महंगी यादें।
मैंने तो सिर्फ़
बेचते-बेचते अपने दिल के सिक्के गिन लिए।

और कभी-कभी,
गली की छोटी चाय की दूकान पर
पुरानी यादों की खुशबू आती है,
और हँसी में घुलकर
सारा बोझ हल्का हो जाता है।

ज़िन्दगी की दुकान में
कोई रिटर्न नहीं,
कोई रिबेट नहीं,
बस वही जो बिक गया,
और वही जो हम खुद खरीद बैठे।

बावरा सा दिल

दिल अजीब है —
कभी खिड़की पर बैठी चिड़िया हो जाता है,
कभी अलमारी में रखी पुरानी डायरी।

बारिश की बूँद गिरती है
तो काग़ज़ गाने लगता है,
और हवा जब गली से गुज़रती है
तो लगता है
जैसे कोई मेरा नाम पुकार रहा हो।

ये दिल बावरा है,
कभी चाय की प्याली में डूब जाता है,
कभी किसी अधूरी मुस्कान में तैरता है।

कभी-कभी तो
रेल की सीटी सुनकर बेचैन हो उठता है,
जैसे कहीं जाने की जल्दी हो,
पर पता ही नहीं कहाँ।

कभी सिनेमा हॉल के अँधेरे में
किरदारों के साथ रो पड़ता है,
और फिर पॉपकॉर्न के दाने चबाकर
खुद ही हँसने लगता है।

ये दिल हज़ार बार टूटकर भी
हर बार नया गाना बना लेता है।
कभी सुर बेताल से,
कभी लफ़्ज़ अधूरे से,
पर धुन हमेशा
ज़िन्दगी जैसी —
थोड़ी बेसुरी, थोड़ी सुरीली।

किराए का मकान

चौतीस बरस से
वो ही दरवाज़ा चरमराता है,
खिड़की पर वही धूप
हर सुबह दस्तक देती है।

दीवारों पर उग आईं दरारें
जैसे बूढ़ेपन की झुर्रियाँ,
पर उनमें अब भी
मेरे बचपन की हँसी गूँजती है।

गली के मोड़ पर
जब भी मैं लौटता हूँ,
ये किराए का मकान
मुझे ऐसे बुलाता है
जैसे कोई पुराना दोस्त,
कह रहा हो –
"आ गया न तू?"

मालिक भी नहीं बदला,
मकान भी नहीं,
सिर्फ़ दीवारों का रंग
हर साल पुराना पड़ता गया।

कभी सोचता हूँ,

ये घर भी शायद हमें
किराए पर ही रखे हुए है,
और जब वक़्त का नोटिस आएगा,
हमें भी बाहर जाना होगा।

पहला प्यार

पहला प्यार...
जैसे बारिश के बाद मिट्टी की ख़ुशबू,
अनजाना-सा, पर दिल में बस जाने वाला।

कक्षा की खिड़की से झाँकते हुए,
जब पहली बार नज़र मिली थी,
तो लगा —
जैसे पूरी दुनिया थम गई हो,
और सिर्फ़ दिल की धड़कन
कक्षा में गूँज रही हो।

किताबों में दबे काग़ज़,
जिन पर आधे अधूरे शब्द लिखे थे,
वही सबसे कीमती ख़ज़ाने लगते थे।

कभी बस में साथ बैठने का सपना,
कभी बरामदे में एक झलक पाने की आस।
उस छोटी-सी मुस्कान के लिए
सारे इम्तिहान आसान लगने लगते थे।

हाथ छूने की हिम्मत
पूरी जंग जैसी लगती थी,
और नाम लेने की हिम्मत
एक सपना-सा।

आज बरसों बाद भी
जब कोई पुराना गाना सुनाई देता है,
तो दिल फिर से बच्चा बन जाता है —
बिना वजह मुस्कुराता है,
और बिना वजह आँखें भीग जाती हैं।

पहला प्यार...
ना पूरी तरह मिलता है,
ना कभी खोता है।
बस दिल के किसी कोने में
हमेशा ताज़ा रहता है,
जैसे पुरानी डायरी का
वो पहला पन्ना।

सपनों की कीमत

सपनों की कोई EMI नहीं होती,
पर वसूली हर रोज़ होती है।

कभी माँ की थकी हुई आँखों से,
कभी पापा के खामोश सवालों से,
कभी दोस्त की हँसी से
जो पूछ लेता है —
"अरे अभी तक कुछ बना नहीं?"

लोग कहते हैं —
"सपने पूरे करने हैं तो मेहनत करो।"
सच ये है कि
सपने पूरे करने से पहले
उन्हें ज़िन्दा रखना ही
सबसे मुश्किल काम है।

रात को जब सब सो जाते हैं,
तब सपने और हकीकत की
सबसे बड़ी बहस शुरू होती है।
एक तरफ़ तकिया कहता है —
"सो जा, कल ऑफिस है।"
दूसरी तरफ़ दिल कहता है —
"नहीं, अभी लिखना है,
वरना ये ख्याल फिर खो जाएगा।"

सपनों की कीमत पैसों से नहीं चुकती,
ये कीमत चुकती है —
नींद से,
धैर्य से,
और कभी-कभी
अपने ही भरोसे से।

और हाँ...
कभी-कभी सपने पूरे भी हो जाते हैं,
पर तब पता चलता है कि
उनकी असली कीमत
तो वो सफ़र था,
जहाँ रोज़-रोज़
खुद को हारने से बचाना पड़ता था।

थक गए हो क्या?

सुबह उठता हूँ,
भीड़ में घुल जाता हूँ,
बस, मेट्रो, या सड़क पर—
हर कोई भाग रहा है,
मैं भी।

दफ़्तर में जाता हूँ,
लोगों से बातें भी करता हूँ,
हँसता भी हूँ,
पर दिल ही जानता है—
ये हँसी कितनी किराए की होती है।

शहर चमकता है रात को,
बत्तियाँ झिलमिल करती हैं,
पर कमरे में लौटकर
टीवी की आवाज़ ही
मेरा साथी बनती है।

कभी खिड़की से बाहर देखता हूँ,
तो सोचता हूँ—
ये शहर किसी का नहीं,
बस सबको
थोड़ा-थोड़ा इस्तेमाल करता है।

और मैं?
बस रोज़ सोचता हूँ,
कि काश कोई पूछ ले—
"थक गए हो क्या?"

पिता की खामोशी

पिता ने कभी
खुलकर नहीं कहा,
कि वो थक जाते हैं।

न ही ये जताया,
कि जेब हल्की है,
या आँखें भारी।

बस हर सुबह
अख़बार के पीछे
अपनी थकान छुपा लेते,
और हर शाम
चाय की प्याली में
उम्मीद घोल देते।

उनकी खामोशी
कभी-कभी किताब सी लगती है—
जिसके पन्ने तो बहुत हैं,
पर पढ़ने वाला कोई नहीं।

मैंने देखा है,
उनकी हथेलियों की दरारों में
सालों की मेहनत,
और उनके माथे पर

बिन कहे हिसाब।

कितना अजीब है,
माँ कहती हैं सबकुछ,
पर पिता...
बिना बोले ही
सब सुना जाते हैं।

बचपन की यादें

गली का वो छोटा सा नुक्कड़
जहाँ बारिश में पानी जमा होता था,
हम अपने घिसे-पूरे जूते पहनकर
कीचड़ में दौड़ लगाते थे।

माँ की डाँट आती,
तो डर से काँपते,
और अगले ही पल
हँसी में खो जाते।

हमारी किताबें कम,
जेब में कंचे ज़्यादा थे।
एक टूटी हुई गेंद,
एक पुरानी पेंसिल,
और हम—
छोटी-छोटी चीज़ों में
सपने बुनते रहते।

रात के अँधेरे में
आँगन में चुपचाप बैठकर
कहानियाँ बनाना,
और उनमें खुद को
हीरो बना देना।

अब जब मैं लौटकर देखता हूँ,
वो गली वही है,
वो मिट्टी वही है,
बस मैं बदल गया हूँ।
पर लगता है,
वो गली अब भी
मुझे अपनी कहानियों में पाकर मुस्कुराती है।

बारिश की खुशबू

पहली बूँद गिरी,
और मिट्टी ने जैसे
अपना दरवाज़ा खोल दिया।

बचपन की गलियों से
भागते हुए हम निकले,
हाथ फैलाकर,
जैसे आसमान से
दोस्ती करनी हो।

भीगी छत पर रखे
पुराने मटके से
गुज़री हवा,
और उसके साथ आई
वो गीली मिट्टी की खुशबू—
जैसे बचपन की यादें
धीरे-धीरे लौट आई हो,
और हर कोने में अपना
हल्का असर छोड़ती हो।

कभी लगता है,
बारिश सिर्फ़ पानी नहीं लाती,
वो हमारी यादों की अलमारी

खोल देती है—
जहाँ हर कोना
भीगा हुआ है,
और हर खुशबू
हमारे बचपन की है।

माँ

सुबह का पहला दिया
माँ ही जलाती है,
सबसे पहले उठती है वो,
सबसे बाद में सोती है।

रसोई की आँच से जले हाथ,
कपड़े धोते-धोते रूखी हथेलियाँ,
फिर भी इन्हीं हाथों से
माथे पर ठंडी छाँव मिलती है।

वो भले ज़्यादा पढ़ी-लिखी न हो,
पर बच्चों की किताबों में
उसकी दुआएँ लिखी होती हैं।

माँ थकती है, पर दिखाती नहीं,
रोती है, पर जताती नहीं।
उसकी गोद ही
हमारा पहला घर है,
और उसका आँचल
हमारी सबसे बड़ी पनाह।

उसकी गोद में सिर रख दूँ,
तो सारी थकान उतर जाती है।
उसकी आवाज़ सुनते ही,

मन के अंधेरे कोनों में दिया जल जाता है।

उसकी डाँट में भी दुलार छिपा है,
उसकी चुप्पी में भी एक दुआ छिपी होती है।
उसके आँचल से बड़ी कोई छाँव नहीं,
उसकी ममता से गहरी कोई नदी नहीं।

वो जो अपना हिस्सा कभी नहीं रखती,
और जो भी है, बाँट देती है।
जिसके चेहरे पर दुख का साया भी आ जाए,
तो हमारी दुनिया अधूरी हो जाती है।

शायद माँ ही असली भगवान है,
जो बिना मूरत बने,
हमारी हर दुआ पूरी कर देती है।

सफ़र में लोग

रोज़ की दौड़ में,
बस की खिड़की से झाँकते चेहरे,
ट्रेन की भीड़ में कंधे से टकराते लोग,
सड़क पर चलते-चलते
दो पल के लिए ठहर जाने वाली नज़रें।

किसी ने रास्ता पूछा,
किसी ने मुस्कान दे दी,
किसी ने बस अपनी चुप्पी छोड़ दी—
और सफ़र थोड़ा-सा बदल गया।

ये लोग आते हैं,
ठहरते नहीं,
पर उनकी परछाईं
किसी कोने में रह जाती है—
जैसे अधूरी कहानी,
या किसी गीत की भूली हुई पंक्ति।

सफ़र में मिले लोग,
शायद हमारे लिए अजनबी ही रहते हैं,
मगर जाने क्यों
उनके बिना सफ़र अधूरा लगता है।

अधूरा ख़्वाब

रात के कम्बल के नीचे
छुपा हुआ वो सपना
जो अधूरा रह गया।

किताबों के बीच,
काग़ज़ों की लकीरों में
कुछ अधूरी पंक्तियाँ छुपी हैं,
जिन्हें मैं कभी पूरा नहीं कर पाया।

खिड़की से आती हवा
जैसे कहती है —
"कोशिश करो, फिर से लिखो।"

सपना टूटता है,
पर कहीं गहराई में
उसकी हल्की रोशनी बची रहती है।

और मैं उठता हूँ,
थोड़ी हसरत के साथ,
थोड़ी उम्मीद के साथ,
कि कल, यह अधूरा ख़्वाब
कहीं से पूरा हो जाएगा।

स्टेशन की बेंच

मैं वो पुरानी बेंच हूँ,
जो सालों से यहाँ खड़ी है।

मैंने देखा है कितने चेहरे
जो मुझसे टकराए,
और उनके जज़्बात मेरे दरारों में बस गए।

कभी कोई मुस्कुराता है,
तो कभी कोई आँसू छुपाता है।
मेरे पास से गुजरती ट्रेन की गूँज
कभी हँसी तो कभी चुप्पी ले जाती है ।

मैंने सुनी है अधूरी बातें,
महसूस किया है विदाई का भारीपन।
कुछ लोग मुझ पर बैठे,
कुछ बस अपनी यादें छोड़ गए।

और मैं यहाँ खड़ी हूँ,
हर दिन, हर पल,
उनकी कहानियों को सँभालते हुए।

कभी किसी के दिल का भार हल्का किया,
कभी किसी की हँसी में शामिल हुई।

मैं वह बेंच हूँ
जो खुद कभी चल नहीं सकती,
पर हर सफ़र का हिस्सा बन जाती है।

पुरानी किताबें

पुरानी किताबों की वो खुशबू,
जो पन्नों में बसी धूल और सपनों के बीच से आती है।

हर पन्ना जैसे
एक छोटा सा दिन याद दिलाता है,
कक्षा की वो हँसी,
दोस्तों की चुप्पियाँ,
और कभी-कभी खुद को खो देना
अधूरी डायरी के पन्नों में।

कॉपी की पीछे लगी नोट्स,
कभी अधूरी कविताएँ,
और कुछ शब्द जो सिर्फ़ हमारी समझ में आए।

बचपन के सपने,
जो पढ़ाई के बीच छुप गए,
और कॉलेज की वो रातें,
जब हम चुपके से किसी पन्ने में अपनी दुनिया लिखते थे।

पुरानी किताबें सिर्फ़ ज्ञान नहीं देतीं,
वो यादें भी देती हैं,
जो आज भी
हमारे भीतर किसी कोने में मुस्कुराती हैं।

अधूरा मैं, पूरा तू

मैं अँधेरा बन के आऊँगा,
तू रोशनी बन के आ जाना।

मैं आँसू बन के बह जाऊँगा,
तू गंगा बन के थाम लेना।

मैं काँपते स्वर में पुकारूँगा,
तू 'ॐ' बनकर गूँज जाना।

मैं भटकते राहों का मुसाफ़िर हूँ,
तू त्रिशूल बनकर राह दिखाना।

मैं टूटा हुआ दीपक हूँ,
तू ज्योति बनकर जल जाना।

मैं रेत बन के बिखर जाऊँगा,
तू शिला बनकर थाम लेना।

मैं लहरों में डूबता जाऊँगा,
तू सागर बनकर समा लेना।

मैं अधूरा रह जाऊँ हर जन्म,
पर महादेव...तू संपूर्ण बनकर आना।

मैं सन्नाटा बन के छा जाऊँगा,
तू डमरू बनकर गूँजना।

मैं कांपते हाथ जोड़ूँगा,
तू अभय मुद्रा बन जाना।

मैं गिरता हुआ आँसू हूँ,
तू शिवलिंग पर चढ़ जाना।

मैं छोटा, मैं तुच्छ, मैं सीमित—
पर महादेव...तू अनंत बनकर आना।

मैं धूल बन के बिखर जाऊँगा,
तू कैलाश बनकर टिकना।

मैं प्यासा रह जाऊँगा,
तू अमृतधारा बनकर बहना।

मैं थक कर चुप हो जाऊँगा,
तू हर-हर महादेव कहकर पुकारना।

मैं अधूरी यात्रा का पथिक हूँ,
पर महादेव...तू मंज़िल बनकर आना।

अधूरा मैं, पर पूरा तू...
हर रूप में, हर जन्म में,
मैं तुझमें खोकर ही पूर्ण हो जाऊँ।